並べて焼くだけ！
こんがりおかず

牛尾理恵

Contents

「オーブン料理」は
実はとってもラクでカンタン！ ————— 4

Part 1

メイン食材は2つ！
毎日のおかず

Column

卵液を流して焼くだけ！ キッシュアレンジ

オーブン料理に必要なもの ————— 44

Part 2

焼くからおいしい
野菜のおかず

Part 3

大好き!
グラタンレシピ

Part 4

うまみがギュッ!
ホイル焼きレシピ

Part 5

人が集まる日の
ごちそう焼き

この本の約束ごと

◎計量単位は、1カップ＝ 200㎖、大さじ 1 ＝ 15㎖、小さじ 1 ＝ 5㎖
です。

◎オーブンの焼き時間は、ガスオーブンを使用した場合の目安です。
機種などにより、焼き時間が異なる場合があるので、様子を見なが
ら加減してください。

◎電子レンジの加熱時間は出力 600W の場合の目安です。500W
の場合は、2 割増しにしてください。機種によって多少異なる場合
があります。

◎特別な表記がない場合、塩は粗塩（自然塩）、砂糖は上白糖、し
ょうゆは濃い口しょうゆを使用しています。みそは好みのみそです。

◎野菜は特に記述がない場合でも、「洗う」「皮をむく」などの下ご
しらえをしてから調理に入ってください。

「オーブン料理」は
実はとってもラクでカンタン！

① 材料を切って　→

まずは材料を切って、下ごしらえです。オーブンは素材が大きくても、中までじっくりムラなく焼けます。材料をあえて大きく切り、食感や味わいを楽しんだりできるのも、オーブン料理ならでは。

② 調味して　　　→

肉や魚、野菜などに、下味をしっかりとからめます。味をからめるときは、食材をつぶさないようにさっくり混ぜるのがポイント。

→　耐熱皿に材料を並べてから調味することもあります。

むずかしそうと思われがちなオーブン料理ですが、
作り方はいたってシンプル。
毎日のおかずからごちそうまで、大活躍してくれます。

③ 耐熱皿に入れたら →

耐熱皿に材料を広げ入れます。耐熱皿に直接入れれば、盛りつけせずにそのまま食卓に出せるので、天板を洗ったりする面倒な手間が省けます。天板で焼く場合も、オーブンシートを敷けば、後片づけがラク。

④ オーブンで焼く → →

予熱したオーブンに入れてスタートボタンを押したら、あとは焼き上がるまで待つだけ。フライパンや鍋を使う調理と違って、火のそばにいなくていいので、この間にもう1品作ったり、洗い物をしたりなどできます。

オーブンのいいところ	● オーブンに入れたら、あとはほったらかしで OK ● じっくり火が通ることで、素材のおいしさを引き出してくれる ● こんがりとした焦げ目が食欲をそそる ● 耐熱容器に入れて焼けば、そのまま食卓に出せてラクラク

でき上がり！

目で焼き上がりを確認します。こんがりといい焼き色がついていたら完成です。あつあつをいただきましょう！　容器がかなり熱いので、食卓に出すときは、下に耐熱のマット、乾いた布巾などを敷くといいでしょう。

オーブン調理の注意点

*オーブン料理に向く器については、P.44 を参照してください。

あらかじめ予熱しておく
焼く前に、設定温度までしっかり予熱しておきます。このときはまだ、天板は入れなくても大丈夫。予熱が不十分な状態で焼きはじめると、焼きムラなどの原因になるので、気をつけて。

オーブンのクセをつかむ
熱源がガスか電気か、また、機種などにより、温度の上がり方、熱の回り方などに違いが出てきます。まずはレシピ通りに焼いてみてオーブンのクセをつかみ、温度や焼き時間を調節してください。

電気オーブンなら設定温度を高めに
本書ではガスオーブンを使っています。電気オーブンはガスオーブンに比べて火力が弱く、温度が上がりにくいものが多いので、設定温度を10℃ほど高くする、または焼き時間を長くするといいでしょう。

やけどに注意
焼き上がりは器や天板がかなり熱くなっています。オーブンから取り出すときは、耐熱のミトンやマットなどを使ってください。ぬれた布巾でつかむと、手に熱が一気に伝わるのでやめましょう。

Part 1

メイン食材は 2 つ！毎日のおかず

メインの食材は 2 つだけだから、
下ごしらえがとってもラク。
あとはオーブンにおまかせで、
メインのおかずが完成します。
味わいも和風、洋風、中華風、
エスニック風など多彩なので、飽きることなく、
毎日のごはん作りに大活躍してくれます。

鶏肉と大根のにんにくしょうゆ焼き

和風の甘辛味ににんにく風味をプラスし、
ごはんがもりもり食べられる味わいに。
ごま油をかけることで、食材から水分が
とびすぎず、こんがりと焼き上がります。

ⓐ → ⓑ →

230℃

15〜20分

材料（2人分）

鶏もも肉……1枚（300g）
大根……300g
塩……小さじ ⅓
こしょう……少量
A ┌ にんにくのすりおろし
  │   ……1かけ分
  │ しょうゆ……大さじ 1½
  │ みりん……大さじ 1½
  └ 酢……小さじ 1
ごま油……小さじ 1

下準備：オーブンは 230℃に予熱する

作り方

1 鶏肉はひと口大に切り、塩、こしょうをまぶす。ボウルにAを入れて混ぜ、鶏肉を加えてさっくりと混ぜる。
2 大根は 1.5cm厚さのいちょう切りにし、**1**に加えてさっと混ぜる（ⓐ）。
3 耐熱皿に**2**を広げ、ごま油を回しかける（ⓑ）。230℃に予熱したオーブンで 15〜20分焼く。

memo

大根のかわりにかぶでもおいしいです。かぶは大根よりも火が通りやすいので、4等分のくし形に切ってください。

鶏肉としいたけのはちみつみそ焼き

はちみつのほどよい甘みを加えたこんがりと香ばしいみそ味が◎。
鶏肉はもちろん、焼けてうまみが凝縮したしいたけも美味。

材料（2人分）

鶏もも肉…1枚（300g）
しいたけ…6枚
A
しょうがのすりおろし…1かけ分
にんにくのすりおろし…1かけ分
はちみつ…小さじ2
みそ…大さじ2
酒…大さじ1

230℃

15〜20分

ⓐ

下準備：オーブンは230℃に予熱する

作り方

1　鶏肉はひと口大に切る。ボウルにAを入れて混ぜ、鶏肉を加えてさっくりと混ぜる。

2　しいたけは石づきを取って半分に切り、1に加えてさっと混ぜる。

3　耐熱皿に2を広げ（ⓐ）、230℃に予熱したオーブンで15〜20分焼く。

memo

しいたけのかわりにしめじやエリンギなどのほかのきのこでも。しめじなら大きめの小房に、エリンギなら半分の長さに切って縦4等分に切ってください。

鶏肉とさつまいものコチュジャン焼き

鶏もも肉と甘いさつまいも、辛みそのコチュジャンは、相性のいい組み合わせ。
ごはんにはもちろん、ビールのおつまみにも最適です。

材料（2人分）

鶏もも肉…1枚（300g）
さつまいも…1本（300g）
塩、こしょう…各少量
A
　にんにくのすりおろし…1かけ分
　コチュジャン…大さじ2
　みりん…大さじ1
　しょうゆ…小さじ2
　砂糖…小さじ1

ⓐ

230℃

15〜20分

下準備：
オーブンは230℃に予熱する

作り方

1　鶏肉はひと口大に切り、塩、こしょうをまぶす。ボウルにAを入れて混ぜ、鶏肉を加えてさっくりと混ぜる。

2　さつまいもは皮つきのまま1cm厚さの輪切りにし、水にさらして水けをきる。**1**に加え、さっと混ぜる。

3　耐熱皿に**2**を広げ（ⓐ）、230℃に予熱したオーブンで15〜20分焼く。

鶏肉のいんげんチーズロール

こんがり、パリッと焼けた鶏肉の皮が、
なんとも食欲をそそります。
焼いている間に溶け出した
とろ〜りチーズをからめながらどうぞ。

ⓐ　　　ⓑ　　　230℃　25〜30分

材料（2人分）

鶏むね肉（皮つき）…1枚（300g）
さやいんげん…5本
スライスチーズ…2枚
塩…小さじ½
こしょう…少量
オリーブ油…小さじ1

下準備：オーブンは230℃に予熱する

作り方

1　鶏肉は厚みのある部分に切り目を入れて開き、皮面に塩、こしょうをふる。さやいんげんはヘタを取る。

2　**1**の皮面を下にし、スライスチーズ、いんげんをのせてくるくると巻き（ⓐ）、巻き終わりに楊枝をさして留める（たこ糸で縛ってもよい）。

3　耐熱皿に**2**をのせ、刷毛などで表面にオリーブ油を塗る（ⓑ）。230℃に予熱したオーブンで25〜30分焼き、食べやすく切る。

memo

鶏肉は切り目を入れて開き、厚みを均一にして広げると、具が巻きやすくなります。さやいんげんのかわりにアスパラガス、細切りにしたにんじんやズッキーニ、ピーマン、じゃがいもなどでも。

鶏肉とズッキーニの粒マスタード焼き

淡泊な鶏むね肉とズッキーニを、マヨネーズやウスターソースのコク、
粒マスタードの独特な風味で、しっかりとした味わいに仕上げます。

材料（2人分）

鶏むね肉（皮つき）…1枚（300g）
ズッキーニ…1本
塩…小さじ 1/3
こしょう…少量
A｜ 粒マスタード…大さじ2
　｜ マヨネーズ…小さじ2
　｜ オリーブ油…小さじ1
　｜ ウスターソース…小さじ1

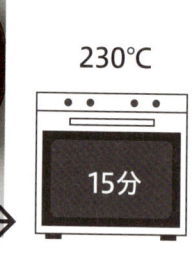

230℃

15分

ⓐ →

下準備：
オーブンは230℃に予熱する

作り方

1 鶏肉はひと口大に切り、塩、こしょうをまぶす。ボウルにAを入れて混ぜ、鶏肉を加えてさっくりと混ぜる。

2 ズッキーニはヘタを取って7mm厚さの輪切りにし、**1**に加えてさっと混ぜる。

3 耐熱皿に**2**を広げ（ⓐ）、230℃に予熱したオーブンで15分ほど焼く。

手羽先のねぎナンプラー焼き

エスニック調味料のナンプラーでこんがりアジアンテイストに。
レモンをキュッと搾れば、あと味もすっきり!

材料（2 人分）

鶏手羽先…8 本
ねぎ…1 本
塩…小さじ ¼
こしょう…少量
A ┌ ナンプラー…小さじ 2
　├ 酒…小さじ 2
　├ はちみつ…小さじ 1
　└ 酢…小さじ 1
レモン…適量

下準備：
オーブンは 230℃に予熱する

ⓐ

230℃
15〜20分

作り方

1　手羽先は骨に沿って切り目を入れ、塩、こしょうをまぶす。ボウルに A を入れて混ぜ、手羽先を加えて混ぜる。

2　ねぎは 4cm 長さのぶつ切りにし、1 に加えてさっと混ぜる。

3　耐熱皿に 2 を広げる（ⓐ）。230℃に予熱したオーブンで 15 〜 20 分焼き、レモンを添える。

手羽元とかぼちゃのケチャップ焼き

みんなが好きなケチャップ味に、にんにくの風味や辛みをプラス。いつもの味に変化を出して。

材料（2 人分）

鶏手羽元…8 本
かぼちゃ…正味 300g
塩…小さじ ¼
こしょう…少量
A　にんにくのすりおろし…1 かけ分
　　トマトケチャップ…大さじ 3
　　酒…大さじ 1
　　オリーブ油…小さじ 2
　　ホットペッパーソース…5 滴

下準備：
オーブンは 230℃に予熱する

230℃

15分

作り方

1　手羽元は塩、こしょうをまぶす。ボウルに A を入れて混ぜ、手羽元を加えてさっくりと混ぜる。

2　かぼちゃは種とワタを取り、1.5cm 厚さに切り、**1**に加えてさっと混ぜる。

3　耐熱皿に **2** を広げ（ⓐ）、230℃に予熱したオーブンで 15 分ほど焼く。

memo

辛みはホットペッパーソースの量で調節してください。5 滴ぐらいなら、あと味が少しピリッとするくらいで、食べやすい辛さです。

焼きメンチ

肉だねを丸めたり、衣をまぶしたりする手間が省け、揚げずに作れるヘルシーメンチ。
大きめのスプーンなどでざっくりと取り分けていただきます。

材料 (2 人分)

合いびき肉 (または牛ひき肉) ⋯300g
玉ねぎ⋯¼ 個

A ┌ 溶き卵⋯½ 個分
  │ パン粉⋯大さじ 2
  ┤ 牛乳⋯大さじ 2
  │ 塩⋯小さじ ⅓
  └ こしょう (またはナツメグ) ⋯少量

B ┌ パン粉⋯大さじ 3
  ┤ オリーブ油 (またはサラダ油)
  └ ⋯大さじ 1

キャベツのせん切り⋯好みで適量
ソース⋯適量

下準備:
オーブンは 230℃ に予熱する

230℃

13〜15分

ⓐ

作り方

1 玉ねぎはみじん切りにする。ボウルにひき肉、玉ねぎを入れてよく混ぜ、A を加えて練り混ぜる。

2 B は混ぜ合わせる。

3 耐熱皿にオリーブ油 (分量外) を薄く塗り、**1** を広げて平らにならす。**2** をふり、軽く押さえて平らにならす (ⓐ)。

4 230℃に予熱したオーブンで 13 〜 15 分焼く。取り分けて、好みでキャベツを添え、ソースをかける。

ハンバーグのトマトソース焼き

たっぷりのソースを加えてじっくりと焼くので、
中までムラなく火が入り、ふっくらジューシー。
最後のフライドオニオンのひとふりで、
コクがぐんとプラスされ、味に深みが出ます。

ⓐ → ⓑ →

230℃ 15〜20分

材料（2人分）

合いびき肉（または牛ひき肉）…300g
玉ねぎ…¼ 個
A ┌ 溶き卵…½ 個分
　├ パン粉…大さじ 2
　├ 牛乳…大さじ 2
　├ 塩…小さじ ⅓
　└ こしょう（またはナツメグ）…少量
B ┌ トマトジュース（加塩タイプ）…1 缶（190g）
　└ トマトケチャップ…大さじ 2
フライドオニオン（市販品）
　…大さじ 3

下準備：オーブンは 230℃に予熱する

作り方

1　玉ねぎはみじん切りにする。ボウルにひき肉、
玉ねぎを入れてよく混ぜ、A を加えて練り混ぜる。
2　B は混ぜ合わせる。
3　**1**を 4 等分にして丸め、小判形に形を整える
（ⓐ）。耐熱皿に並べて **2** をかけ、フライドオニオ
ンを散らす（ⓑ）。230℃に予熱したオーブンで
15 〜 20 分焼く。

memo

サラダなどのトッピングに使うフライドオニオンは、油で揚げた玉ねぎの市販品。
玉ねぎの濃厚なコクやうまみを手軽にプラスできます。トマトジュースは塩分無添加のものを使う場合は、塩少量を加えてください。

豚肉とセロリのハーブ焼き

オーブンでじっくり焼き上げるからこそ、厚切り肉がここまでジューシー。
セロリは肉の下に敷いて、肉のうまみを余さずにキャッチさせます。

材料（2人分）

豚肩ロース肉…300g
セロリ（太めのもの）…1本（170g）
タイム…2枝
塩…小さじ ½
こしょう…少量

下準備：
オーブンは 230℃に予熱する

230℃

15分

作り方

1 豚肉は約 1.5cm 厚さに切る。セロリは茎はひと口大の乱切りにし、葉はざく切りにする。タイムはざく切りにする。

2 耐熱皿にセロリを広げて豚肉をのせ、塩、こしょうをふってタイムを散らす（ⓐ）。

3 230℃に予熱したオーブンで 15 分ほど焼く。

memo

タイムは、すがすがしい香りと甘み、ほろ苦さが特徴のハーブです。ほかに、肉料理によく合うセージもおすすめ。細かく刻んで散らしてください。

豚肉のモッツァレラチーズ焼き

調味料は塩、こしょうだけですが、モッツァレラチーズの
ミルキーな味わいがあとを引き、クセになるおいしさです。

材料（2人分）

豚ロース厚切り肉…2枚（220g）
モッツァレラチーズ…100g
塩…小さじ⅓
こしょう…少量
粒マスタード…好みで適量
クレソン…好みで適量

230℃

ⓐ

15分

下準備：オーブンは
230℃に予熱する

作り方

1 豚肉は筋切りをする。
2 耐熱皿に1を入れて塩をふり、モッツァレラチーズをちぎってのせ、こしょうをふる（ⓐ）。
3 230℃に予熱したオーブンで15分ほど焼く。好みで粒マスタードやクレソンを添える。

memo

モッツァレラチーズは熟成させないフレッシュチーズで、加熱すると糸を引くように長くのびます。かわりにカマンベールチーズやピザ用チーズなどでもOK。

スペアリブのオイスターソース焼き

香り高く、コク満点のたれをからめたら、
あとはオーブンにおまかせ。
甘みが引き出されやわらかな食感の玉ねぎが、
力強い骨付き肉とよく合います。

230℃

20分

材料（2〜3人分）

豚スペアリブ…500g
玉ねぎ…1個
塩…小さじ ⅓
こしょう…少量
A しょうがのすりおろし…1 かけ分
にんにくのすりおろし…1 かけ分
みりん…大さじ 1
オイスターソース…大さじ ½
トマトケチャップ…大さじ ½

下準備：オーブンは 230℃に予熱する

作り方

1　スペアリブは塩、こしょうをまぶす。ボウル
に A を入れて混ぜ、スペアリブを加えてさっくり
と混ぜる。

2　玉ねぎは 8 等分のくし形に切り、**1**に加えて
さっと混ぜる（ⓐ）。

3　耐熱皿に**2**を広げ（ⓑ）、230℃に予熱した
オーブンで 20 分ほど焼く。

memo

野菜は玉ねぎのほか、ぶつ切りにしたねぎ、1cm厚さの輪切りにしたズッキーニやさつまいもでもおいしいです。

なすの豚肉巻き焼き

大ぶりに切ったなすに、うまみの濃い豚バラ肉を巻いて。
肉の脂をなすがほどよく吸って、ジューシーな焼き上がりです。

材料（2人分）

豚バラ薄切り肉…8枚（約200g）
なす…2本
A ┌ オイスターソース…小さじ2
　├ しょうゆ…小さじ2
　├ みりん…小さじ2
　└ 豆板醤…小さじ½
塩、こしょう…各少量

下準備：
オーブンは230℃に予熱する

230℃

12〜15分

ⓐ

作り方

1　なすはヘタを取り、4つ割りにする。Aは混ぜ合わせる。

2　豚肉を広げて塩、こしょうをふり、なすをのせてくるくると巻く。耐熱皿に入れ、Aをかける（ⓐ）。

3　230℃に予熱したオーブンで12〜15分焼く。

にんじんの豚肉巻き焼き

ごまみそ味のたれをかけ、オーブンへ。にんじんは火が通りにくいので、
電子レンジで加熱して少し火を通しておくと、失敗なく作れます。

材料（2人分）

豚バラ薄切り肉…8枚（約200g）
にんじん…小2本
A ┌ 白すりごま…小さじ2
　├ みりん…大さじ2
　└ みそ…大さじ1
塩、こしょう…各少量

下準備：
オーブンは230℃に予熱する

230℃
15分

作り方

1 にんじんは皮をむいて4つ割りにし、耐熱皿にのせてラップをふんわりとかけ、電子レンジで2分ほど加熱する。Aは混ぜ合わせる。

2 豚肉を広げて塩、こしょうをふり、にんじんをのせてくるくると巻く。耐熱皿に入れ、Aをかける（ⓐ）。

3 230℃に予熱したオーブンで15分ほど焼く。

アスパラの牛肉巻き焼き

アスパラは、ゆでずに生のまま肉を巻いて焼き、歯ごたえよく。
ソースは絞り出さずに、もっと手軽にただかけるだけでも OK。

材料（2 人分）

牛薄切り肉…6 枚 (約 180g)
グリーンアスパラガス…6 本
A ┌ トマトケチャップ…大さじ 2
　 └ カレー粉…小さじ ½
塩、こしょう…各少量
小麦粉…小さじ 1

下準備：
オーブンは 230℃に予熱する

230℃

10分

作り方

1 アスパラガスは根元 ⅓ くらいの皮をピーラーでむく。A は混ぜ合わせる。

2 牛肉を広げて塩、こしょうをふり、アスパラガスをのせて巻く。耐熱皿に入れ、小麦粉を茶こしに入れてふる。ポリ袋に A を入れ、角をはさみで小さく切り、絞り出す（ⓐ）。

3 230℃に予熱したオーブンで 10 分ほど焼く。

牛肉とキャベツのピリ辛焼き

たれをからめた牛肉とキャベツを交互に並べ、肉のうまみを
キャベツに吸わせます。全体をよ〜く混ぜて、召し上がれ。

材料（2 人分）

牛切り落とし肉…200g
キャベツ…200g
A　にんにくのすりおろし…1 かけ分
　　白いりごま…小さじ 2
　　七味とうがらし…小さじ ¼
　　しょうゆ…大さじ 1
　　ごま油…小さじ 2
　　砂糖…大さじ ½
　　酒…小さじ 1

下準備：
オーブンは 230℃に予熱する

230℃

13分

作り方

1　ボウルに牛肉を入れ、A を加えてざっくりともみ込む。キャベツはひと口大のざく切りにする。

2　耐熱皿に牛肉とキャベツを交互に並べる（ⓐ）。230℃に予熱したオーブンで 13 分ほど焼く。

サーモンとじゃがいものレモンバター焼き

コクのあるバターとさわやかなレモンの組み合わせが
サーモンのおいしさを引き立てます。
切り身魚は早く火が通るので、
火の通りにくいじゃがいもは薄切りにするのがコツ。

230℃

15分

材料（2 人分）

生サーモン…2 切れ
じゃがいも…1 個
にんにく…1 かけ
レモンの薄切り…2 枚
塩…小さじ ⅓
こしょう…少量
バター…20g

下準備：オーブンは 230℃に予熱する

作り方

1　じゃがいもは皮つきのまま薄い輪切りにし、水にさらし
て水けをきる。にんにくは横薄切りにする。
2　耐熱皿にじゃがいもを広げ、サーモンをのせて塩、こし
ょうをふる（ⓐ）。にんにく、レモン、バターをのせる（ⓑ）。
3　230℃に予熱したオーブンで 15 分ほど焼く。

memo

にんにくは、芯がついたままだと焦げやすいので、取り除きます。生サーモンのかわりに生ざけ、さばなどでもおいしくできます。

めかじきのトマト焼き

こんがりやわらかく焼けたトマトをくずし、めかじきにからめていただきます。
めかじきを生サーモンや白身魚にかえてもおいしく作れます。

材料（2 人分）

めかじき…2 切れ
トマト…½ 個
塩…小さじ ⅓
こしょう…少量
オリーブ油…大さじ 1
好みのドライハーブ（タイムやオレガノ、
　ミックスハーブなど）…小さじ 1

230℃

15分

ⓐ

下準備：
オーブンは 230℃に予熱する

作り方

1　トマトは 2 等分の輪切りにする。

2　耐熱皿にめかじきを入れ、塩、こしょうをふり、トマトをのせる。オリーブ油をまわしかけ、ドライハーブをふる（ⓐ）。

3　230℃に予熱したオーブンで 15 分ほど焼く。

たいと玉ねぎのハーブ焼き

風味のいいオリーブ油がアクセントになり、全体の味を上品にまとめてくれます。
さらに油でコーティングされるので、焼いたときのパサつきも防止。

材料（2 人分）

たいの切り身…2 切れ
玉ねぎ…1 個
ローズマリー…2 枝
塩…小さじ ⅓
こしょう…少量
オリーブ油…大さじ 1

230℃

15分

ⓐ →

下準備：
オーブンは 230℃に予熱する

作り方

1　玉ねぎは 1cm 厚さの横輪切りにし、ざっとほぐして耐熱皿に広げる。たいをのせ、塩、こしょうをふり、オリーブ油をまわしかける。ローズマリーは葉を摘んで散らす（ⓐ）。

2　230℃に予熱したオーブンで 15 分ほど焼く。

さばのみそマヨ焼き

パリッと焼けたさばの皮やみそマヨの香ばしさが、なんとも食欲をそそります。
オーブンシートを敷いて焼くと、後片づけが大変ラクです。

材料（2人分）

さば（半身）…2枚
ねぎ…⅓本
A ┌ みそ…大さじ1
  │ マヨネーズ…小さじ1
  └ ごま油…小さじ1
塩…少量

230℃

15分

ⓐ

下準備：
オーブンは230℃に予熱する

作り方

1　ねぎはみじん切りにし、Aを加えて混ぜる。

2　さばは3か所ほど切り目を入れ、塩をふり、耐熱皿に入れる。切れ目に1を等分に詰める。

3　230℃に予熱したオーブンで15分ほど焼く。

いわしのバジル焼き

みじん切りにしたバジル、粉チーズ、オリーブ油を混ぜ、いわしにはさみます。
かわりに市販のバジルペーストを使っても OK。

材料（2人分）

いわし（手開きにしたもの）…4 尾分
バジル…20g
粉チーズ…大さじ 2
塩…小さじ 1/3
こしょう…少量
オリーブ油…大さじ 1

下準備：
オーブンは 230℃に予熱する

ⓐ

230℃

15分

作り方

1 いわしは全体に塩、こしょうをふる。

2 バジルはみじん切りにし、粉チーズ、オリーブ油を加えて混ぜる。

いわしの身側に等分に塗り広げ、半分に折って楊枝でとめ、耐熱皿に並べる（ⓐ）。

3 230℃に予熱したオーブンで15 分ほど焼く。好みでバジル（分量外）を添える。

ガーリックシュリンプ

えびが主役のハワイの名物料理は
にんにくとハーブがきいた、がっつりとした味わいです。
マッシュルームをプラスし、食べごたえも充分。
フライパンで作るよりも失敗がなく、簡単です。

230℃

12分

材料（2 人分）

えび（殻つき・頭なし。バナメイえびなど）…250g
マッシュルーム…1 パック（約 130g）
塩…小さじ ⅓
こしょう…少量
酒…大さじ 1
A ┌ にんにくのすりおろし…1 かけ分
　├ バジル（ドライ）…小さじ 1
　├ コリアンダー（パウダー）…小さじ ½
　└ 小麦粉…大さじ 1
オリーブ油…カップ ½
バター…10g
レモン…¼ 個

下準備：オーブンは 230℃に予熱する

作り方

1　えびは背側に切り目を入れ、背ワタを取る。
ボウルに入れ、塩、こしょう、酒をふり、A を加え
てざっくりと混ぜる。

2　マッシュルームは石づきを取り、**1**に加えてざ
っと混ぜる（ⓐ）。耐熱皿に広げ、オリーブ油をま
わしかけ、バターを小さくちぎって散らす（ⓑ）。

3　230℃に予熱したオーブンで 12 分ほど焼き、
半分に切ったレモンを添える。

memo

えびは殻つきのまま食べられますが、気になる人はむいてから食べてください。
マッシュルームは、生しいたけやしめじ、エリンギなどほかのきのこでも代用できます。

いかのワタ焼き

新鮮ないかのワタに、にんにくやマヨネーズを混ぜてソースに。
濃厚なうまみがいかにからまり、極上のおいしさです。

230℃

10分

ⓐ

材料（2人分）

いか…小2はい
（約360g・大きめなら1ぱい）
万能ねぎ…20g
A　にんにくのすりおろし…1かけ分
　　マヨネーズ…大さじ1
　　酒…小さじ2
　　しょうゆ…小さじ1
塩…少量
七味とうがらし…好みで適量

下準備：
オーブンは230℃に予熱する

作り方

1　いかは胴からワタと足を引き出す。胴は5か所ほど切り目を入れる。ワタは墨袋を取り、中身をしごき出して、Aを加えて混ぜ、ソースを作る。足は2〜3本に切り分ける。万能ねぎは1cm長さに切る。

2　耐熱皿にいかの胴と足を入れ、**1**のソースをまわしかけ、塩をふって万能ねぎを散らす（ⓐ）。

3　230℃に予熱したオーブンで10分ほど焼く。好みで七味とうがらしをふる。

豆腐入りフラン風

ふわふわの食感はまるで洋風の茶わん蒸し"フラン"のよう。
めんつゆで調味し、万能ねぎやのりをかけて和風味に。

材料（2 人分）

絹ごし豆腐…1 丁（300g）
卵…2 個
めんつゆ（3 倍濃縮）…大さじ 2 ½
万能ねぎの小口切り、刻みのり、
　練りわさび…各適量

下準備：
オーブンは 230℃に予熱する

230℃

20分

作り方

1　ボウルに豆腐を入れ、卵、めんつゆを加えて泡立て器で混ぜる。

2　耐熱皿に流し入れ、平らにならす（ⓐ）。230℃に予熱したオーブンで 20 分ほど焼く。

3　万能ねぎ、刻みのりを散らし、練りわさびを添える。

スモークサーモンと ズッキーニのキッシュ

手のかかるイメージのキッシュですが、
パイ生地なしなら思った以上にカンタン！
具はくるくる巻くので食べやすく、
見た目も楽しく焼き上がります。

材料（約4人分）

スモークサーモン（薄切り）
　…120g
ズッキーニ…2本
A 卵…3個
　生クリーム（または牛乳）
　　…カップ1
　粉チーズ…大さじ4
　塩、こしょう…各少量

 ⓐ →  ⓑ →  ⓒ →

200℃
30〜35分

下準備：オーブンは200℃に予熱する

作り方

1　ズッキーニはヘタを取り、ピーラーで縦薄切りにする。ボウルにAを入れ、泡立て器で混ぜる（ⓐ）。

2　ズッキーニを2枚重ねてくるくると巻き、耐熱皿に並べる。すき間にスモークサーモンをくるくる巻いて詰め、Aを注ぎ入れる（ⓑ、ⓒ）。

3　200℃に予熱したオーブンで30〜35分焼く。

memo

卵液に生クリームを加えると、濃厚な味わいに。かわりに牛乳を加えると、味わいがあっさりとします。好みで、生クリームと牛乳を半量ずつにしてもOK。

細切りじゃがいもと明太子のキッシュ

明太子のコクとプチプチの食感がクリーミーな生地に好相性。
名コンビの"じゃがいも"で、間違いないおいしさ!

材料（約4人分）

じゃがいも…小2個 (250g)
からし明太子…太め ½ 腹 (50g)
A ┌ 卵…3個
　│ 生クリーム（または牛乳）
　│ 　…カップ 1
　│ 粉チーズ…大さじ 4
　└ 塩、こしょう…各少量

200℃

30〜35分

ⓐ

下準備：
オーブンは 200℃に予熱する

作り方

1 じゃがいもは細切りにし（皮つきでもよい）、水にさらして水けをきる。からし明太子は薄皮を取ってほぐす。ボウルにAを入れ、泡立て器で混ぜる。

2 耐熱皿にじゃがいもを広げて明太子を散らし、Aを注ぎ入れる（ⓐ）。

3 200℃に予熱したオーブンで30 〜 35 分焼く。

ねぎと生ハムのキッシュ

じっくり焼いたねぎが生地にからんでとろけるようなおいしさ。
ねぎの甘みと生ハムの塩けがいい具合にマッチしています。

材料（約4人分）

ねぎ…1 ½ 本（150g）
生ハム…4 枚（40g）
A ┌ 卵…3 個
　│ 生クリーム（または牛乳）
　│ 　…カップ 1
　│ 粉チーズ…大さじ 4
　└ 塩、こしょう…各少量

下準備：
オーブンは 200℃に予熱する

200℃

30〜35分

ⓐ →

作り方

1　ねぎは縦半分に切って斜め薄切りにする。ボウルに A を入れ、泡立て器で混ぜる。

2　耐熱皿にねぎを広げて生ハムをひと口大にちぎって散らし、A を注ぎ入れる（ⓐ）。

3　200℃に予熱したオーブンで 30 〜 35 分焼く。

キャベツとしらすのキッシュ

キャベツの甘みが際立つ、あっさりとした味わいが魅力。
しらすを加えると、和風テイストな仕上がりです。

材料（約4人分）

キャベツ…150g
しらす干し…40g
A ┌ 卵…3個
　├ 生クリーム（または牛乳）
　│　…カップ1
　├ 粉チーズ…大さじ4
　└ 塩、こしょう…各少量

下準備：
オーブンは200℃に予熱する

200℃

ⓐ →

30〜35分

作り方

1　キャベツは5mm幅の細切りにする。ボウルにAを入れ、泡立て器で混ぜる。

2　耐熱皿にキャベツを広げてしらす干しを散らし、Aを注ぎ入れる（ⓐ）。

3　200℃に予熱したオーブンで30〜35分焼く。

まいたけとベーコンのキッシュ

ベーコンは厚切りタイプでも薄切りタイプでも、好みで。
きのこを合わせれば、うまみの相乗効果でおいしさアップ！

材料（約4人分）

まいたけ…150g
ベーコン…50g
A ┌ 卵…3個
　│ 生クリーム（または牛乳）
　│ 　…カップ1
　│ 粉チーズ…大さじ4
　└ 塩、こしょう…各少量

下準備：
オーブンは200℃に予熱する

200℃

ⓐ → 30〜35分

作り方

1　まいたけは食べやすくほぐす。ベーコンは5mm幅に切る。ボウルにAを入れ、泡立て器で混ぜる。

2　耐熱皿にまいたけを広げてベーコンを散らし、Aを注ぎ入れる（ⓐ）。

3　200℃に予熱したオーブンで30〜35分焼く。

オーブンに向く器

オーブン加熱に対応した耐熱皿を使います。
スキレット（鉄製のフライパン）も耐熱皿がわりに使えます。
電子レンジOKでも、オーブンには使えない器もあるので、
事前にチェックしておきましょう。

耐熱のミトンを用意

焼き立ては容器や天板がかなり熱くなっています。必ず耐熱のミトンを使って取り出しましょう。熱に強いシリコン製のマットやグリップでもOKです。

後片づけがラクなオーブンシート

オーブンシートはシリコン樹脂などで加工されているため、天板や耐熱皿に敷くと、焼いても料理がこびりつきません。焦げ付きを取ったりする手間が省けます。

焦げ付きを取るときは

重曹をふり入れて水を張り、オーブンで数分温めます（熱湯を張ってもOK）。冷めてから軽くこすると、焦げ付きがスルリと取れます（重曹はアルミ製品には使えません）。

Part 2

焼くからおいしい
野菜のおかず

———————————

野菜のうまみや甘みを引き出してくれるのがオーブン焼き。
シンプルに焼くだけで、野菜のおいしさが
ギュッと凝縮した絶品のひと皿に。
野菜はそのまま、または大きく切ればいいから、
もう1品！ というときにもあわてずに作れます。

じゃがいものハーブ焼き

里いものシンプル焼き

かぼちゃのバター焼き

じゃがいもの
ハーブ焼き

オリーブ油をからめて焼き上げれば
フライドポテトのような味わいに。
好みのハーブで風味をプラスして。

230℃

20〜25分

材料（2人分）

じゃがいも…小2個（250g）

A ┌ オリーブ油…小さじ2
　 │ ミックスハーブ（ドライ）
　 │ 　…小さじ½
　 └ 塩…小さじ⅓

下準備：
オーブンは230℃に予熱する

作り方

1　じゃがいもは皮つきのままくし形に切り、ボウルに入れ、水にさらして水けをきる。
2　**1**のボウルにじゃがいもを戻し、Aを加えて混ぜる。
3　耐熱皿に**2**を入れる（ⓐ）。230℃に予熱したオーブンで20〜25分焼く。

里いもの
シンプル焼き

ゆでるとねっとりとする里いもは
オーブン焼きならホクホクに。
混ぜるだけのごまみそだれをかけて。

230℃

25〜30分

材料（2人分）

里いも…5個
（石川いものような小さいものなら10個）

A ┌ 白すりごま…小さじ1
　 │ みそ…大さじ1
　 │ 砂糖…小さじ1
　 │ ごま油…小さじ1
　 └ みりん…小さじ1

下準備：
オーブンは230℃に予熱する

作り方

1　里いもは皮つきのままよく洗い、横半分に切る。安定するように下側を少し切り落とし、切った面の上のほうは少し皮をむく（石川いもなら上下を切り落とすだけでよい）。
2　耐熱皿に**1**を並べ（ⓐ）、230℃に予熱したオーブンで25〜30分（石川いもなら15〜20分）焼く。
3　Aをよく混ぜて**2**の上にのせる。皮をむきながら食べる。

かぼちゃの
バター焼き

バターのコクが
かぼちゃの甘みを引き立たせます。
さつまいもで作るのもおすすめ。

230℃

15分

材料（2人分）

かぼちゃ…正味300g
バター…10g
塩…小さじ⅓
こしょう…少量
シナモンパウダー…好みで適量

下準備：
オーブンは230℃に予熱する

作り方

1　かぼちゃは2cm角くらいの大きさに切る。
2　耐熱皿に**1**を広げ、バターをちぎって散らし、塩、こしょうをふる（ⓐ）。230℃に予熱したオーブンで15分ほど焼き、仕上げに好みでシナモンパウダーをふる。

ピーマンのおかか焼き

焼きいんげん
パルメザン
チーズがけ

枝豆のスパイス焼き

ピーマンの
おかか焼き

ⓐ

230℃

10 分

材料（2 人分）

ピーマン…6 個
ごま油…小さじ 2
削り節…3g
しょうゆ…小さじ 1

下準備：
オーブンは 230℃に予熱する

作り方

1　ピーマンはヘタつきのままごま油をまぶし、耐熱皿に並べる（ⓐ）。
2　230℃に予熱したオーブンで10 分ほど焼き、削り節をふって、しょうゆをかける。

枝豆の
スパイス焼き

ⓐ

230℃

12 分

材料（2 人分）

枝豆（さやつき）…200g
オリーブ油…小さじ 2
チリパウダー…5 ふり
塩…小さじ ⅓
こしょう…少量

下準備：
オーブンは 230℃に予熱する

作り方

1　ボウルに枝豆を入れ、オリーブ油、チリパウダー、塩、こしょうを加えてさっと混ぜ、耐熱皿に広げる（ⓐ）。
2　230℃に予熱したオーブンで12 分ほど焼く。

焼きいんげん
パルメザン
チーズがけ

ⓐ

220℃

15 分

材料（2 人分）

いんげん…150g
オリーブ油…小さじ 2
塩…小さじ ¼
こしょう…少量
パルメザンチーズ…適量

下準備：
オーブンは 220℃に予熱する

作り方

1　さやいんげんはヘタを取ってボウルに入れ、オリーブ油、塩、こしょうを加えてさっと混ぜ、耐熱皿に広げる（ⓐ）。
2　220℃に予熱したオーブンで15 分ほど焼き、パルメザンチーズを削って散らす。

カリフラワーのクミン焼き

しいたけのチーズ焼き

ねぎの
レモンオイル焼き

カリフラワーの クミン焼き

オーブン焼きにしたカリフラワーの
ホクホクとした食感が新鮮!
クミンのかわりにカレー粉でも。

230℃
10分

材料 (2 人分)

カリフラワー…200g
クミンシード (またはカレー粉)
　…小さじ ½
オリーブ油…小さじ 2
塩…小さじ ⅓

下準備:
オーブンは 230℃に予熱する

作り方

1　カリフラワーは小房に分け、
1.5 cm厚さに切る。ボウルに入れ、
クミンシード、オリーブ油、塩を加
えてさっと混ぜ、耐熱皿に広げる
(ⓐ)。
2　230℃に予熱したオーブンで
10 分ほど焼く。

ねぎのレモン オイル焼き

じっくりじっくり焼いた
ねぎのおいしさといったら!
さっぱりとした味わいも◎。

230℃
13〜15分

材料 (2 人分)

ねぎ…2 本
オリーブ油…小さじ 2
塩…小さじ ⅓
こしょう…少量
レモン汁…½ 個分
ディル…好みで 3 枝

下準備:
オーブンは 230℃に予熱する

作り方

1　ねぎは 4cm長さのぶつ切りに
する。ボウルに入れ、オリーブ油、
塩、こしょうを加えてさっと混ぜ、
耐熱皿に広げる (ⓐ)。
2　230℃に予熱したオーブンで
13 〜 15 分焼く。レモン汁をかけ、
好みで刻んだディルを散らす。

しいたけの チーズ焼き

水分の多いきのこは
焼くことでうまみが凝縮します。
しょうゆで味を引きしめて。

230℃
10分

材料 (2 人分)

しいたけ…8 枚
ピザ用チーズ…60g
こしょう…少量
しょうゆ…少量

下準備:
オーブンは 230℃に予熱する

作り方

1　しいたけは軸を取り、耐熱皿
にかさを下にして並べ、ピザ用チー
ズをのせる (ⓐ)。
2　230℃に予熱したオーブンで
10 分ほど焼く。こしょうをふり、しょ
うゆをかける。

memo

ピザ用チーズのかわりに、カマンベ
ールチーズやクリームチーズでも。
ブルーチーズにすれば、ワインによ
く合うおつまみに。

かぶのベーコン焼き

にんじんのハーブロースト
くるみ添え

れんこんと
ごぼうの
マスタード焼き

かぶの
ベーコン焼き

ベーコンのうまみをかぶに移して。葉を切り落とさず焼くと、見た目もおしゃれに。

230℃

15分

材料（2人分）

かぶ…2個
ベーコン…2枚
オリーブ油…大さじ1
塩…小さじ⅓
こしょう…少量

下準備：
オーブンは230℃に予熱する

作り方

1　かぶは葉つきのまま皮をむき、6等分のくし形に切る。ボウルに入れ、オリーブ油、塩、こしょうを加えてさっと混ぜ、耐熱皿に並べる。
2　ベーコンは細切りにし、1に散らす（ⓐ）。230℃に予熱したオーブンで15分ほど焼く。

にんじんの
ハーブロースト
くるみ添え

にんじん自体がもつおいしさとハーブの香りを味わいたいので味つけは極力シンプルに。

230℃

15〜20分

材料（2人分）

にんじん…小2本
ローズマリー…2枝
くるみ…30g
オリーブ油…小さじ2
塩…小さじ⅓
こしょう…少量

下準備：
オーブンは230℃に予熱する

作り方

1　にんじんは皮をむいて4つ割りにする。ボウルに入れ、オリーブ油、塩、こしょうを加えてさっと混ぜ、耐熱皿に並べ、ローズマリーをちぎって散らす（ⓐ）。
2　230℃に予熱したオーブンで15〜20分焼き、くるみを割って散らす。

れんこんと
ごぼうの
マスタード焼き

香ばしく、ほっくりとした根菜がなんとも美味。マスタードと酢は仕上げに加えて風味を生かして。

230℃

15分

材料（2人分）

れんこん…200g
ごぼう…½本
マヨネーズ…大さじ1
塩…小さじ⅓
こしょう…少量
粒マスタード…小さじ1
酢…小さじ½

下準備：
オーブンは230℃に予熱する

作り方

1　れんこんは皮をむいて1cm厚さの半月切りにする。ごぼうは皮をこそいで乱切りにする。合わせて酢水（酢は分量外）に10分ほどさらす。
2　1の水けをしっかりときってボウルに入れ、マヨネーズ、塩、こしょうを加えてさっと混ぜ、耐熱皿に広げる（ⓐ）。
3　230℃に予熱したオーブンで15分ほど焼き、粒マスタード、酢を加えてさっと混ぜる。

キャベツと
オイルサーディン
のロースト

ズッキーニの
じゃこチーズ焼き

トマトの
ツナマヨ
詰め焼き

54

キャベツと
オイルサーディン
のロースト

オイルサーディンの缶汁の油で
キャベツをコーティングしつつ、
うまみも加えながら焼き上げます。

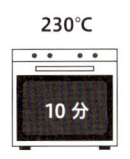

230℃

10 分

材料（2 人分）

キャベツ…¼ 個（約 200g）
オイルサーディン…½ 缶（50g）
にんにく…1 かけ
塩…小さじ ¼
こしょう…少量

下準備：
オーブンは 230℃に予熱する

作り方

1　キャベツは大きめのひと口大
のざく切りにし、耐熱皿に広げる。
にんにくを横薄切りにしてのせ、塩、
こしょうをふり、オイルサーディンを
缶汁ごとのせる（ⓐ）。
2　230℃に予熱したオーブンで
10 分ほど焼く。

ズッキーニの
じゃこチーズ焼き

あっさりとしたズッキーニには
じゃことチーズのダブルのうまみで
少々パンチを加えて。

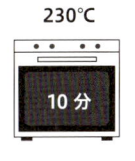

230℃

10 分

材料（2 人分）

ズッキーニ…1 本
ちりめんじゃこ…20g
ピザ用チーズ…30g
しょうゆ…少量

下準備：
オーブンは 230℃に予熱する

作り方

1　ズッキーニはヘタを取り、縦 1
cm 厚さに切る。耐熱皿に並べ、ち
りめんじゃこ、ピザ用チーズを散ら
す（ⓐ）。
2　230℃に予熱したオーブンで
10 分ほど焼き、しょうゆをかける。

トマトの
ツナマヨ
詰め焼き

切り分けながら、トマトと
ツナマヨを混ぜて食べると、
ホットサラダのような味わいに。

230℃

10 分

材料（2 人分）

トマト…2 個
ツナ…小 1 缶（70g）
玉ねぎ…¼ 個
パセリ…5g
マヨネーズ…大さじ 1
塩…小さじ ⅓
こしょう…少量

下準備：
オーブンは 230℃に予熱する

作り方

1　トマトは上部 ¼ あたりを切り
落とし、中をくり抜く。
2　ツナは缶汁をきってボウルに
入れる。玉ねぎとパセリをみじん切
りにして加え、マヨネーズ、塩、こし
ょうも加えて混ぜる。これを1に等
分に詰める（ⓐ）。
3　230℃に予熱したオーブンで
10 分ほど焼く。

Part 3

大好き！
グラタンレシピ

チーズがこんがり、とろ〜り！
あつあつのグラタンやドリアは、
子どもから大人まで幅広く愛されるメニューです。
具材やソースのバリエーションで、味わいも自由自在。
欠かせないホワイトソースや
トマトソースの作り方も併せてご紹介します。

ホワイトソース　　トマトソース

作り方（でき上がり約カップ 2½）

バター…40g
小麦粉…大さじ 4
牛乳…カップ 3
ローリエ…1 枚
塩…小さじ ⅓
こしょう…少量

作り方（でき上がり約カップ 2）

にんにくのみじん切り…1 かけ分
玉ねぎのみじん切り…½ 個分
トマト水煮缶（カット）…1 缶（400g）
ローリエ…1 枚
オリーブ油…大さじ 1
塩…小さじ ½
こしょう…少量

作り方

作り方

1　厚手の鍋にバターを弱火で溶かし、小麦粉を加え、粉っぽさがなくなるまで木べらで炒める。

1　鍋にオリーブ油、にんにくを入れて弱火で熱し、香りが出てきたら玉ねぎを加えて中火にし、しんなりするまで炒める。

2　牛乳をお玉 1 杯分ずつ加えながら、よく混ぜてのばす。

2　トマト水煮、ローリエを加え、ふたを少しずらしてのせ、弱火で 10 分ほど、ときどき混ぜながら煮る。

3　ローリエを加え、鍋底や縁などを木べらでなぞりながら、弱火で 5 〜 10 分煮詰める。とろみがついたら塩、こしょうで味を調える。

3　少しとろみがつくまで煮詰めたら、塩、こしょうで味を調える。味をみて、酸味を強く感じるときは、砂糖約小さじ 1（分量外）を加えても。

保存方法

どちらも保存容器や保存袋に入れ、冷蔵で 4 〜 5 日、冷凍で約 3 週間保存できる。
冷凍したものを使うときは、冷蔵室に移して自然解凍するか、耐熱容器に取り出して電子レンジで解凍する。

えびマカロニグラタン

ホワイト
ソースで

クリーミーで濃厚なホワイトソースが
具材とからみ合う王道のマカロニグラタン。
チーズとパン粉を散らして焼くと
「とろ〜り」「サクサク」の両方が楽しめます。

ⓐ ⓑ

230℃

10〜13分

材料（2人分）

むきえび…150g
玉ねぎ…¼個
マッシュルーム…60g
マカロニ（乾燥）…100g
ホワイトソース（P.57）…カップ2（約420g）
塩…適量
バター…10g
白ワイン…大さじ2
こしょう…少量
ピザ用チーズ…50g
パン粉…大さじ1½

下準備：オーブンは230℃に予熱する

作り方

1 えびはあれば背ワタを取る。玉ねぎはみじ
ん切りにし、マッシュルームは石づきを取って薄
切りにする。
2 マカロニは塩（湯1ℓに対して約小さじ2）を加え
たたっぷりの湯でゆで、ざるに上げる。
3 フライパンにバターを溶かし、玉ねぎをしん
なりするまで炒める。えび、マッシュルームを加え
てえびの色がかわるまで炒め、白ワインを加える。
火を止め、**2**、ホワイトソースを順に加えて（ⓐ）
混ぜ、味をみて、塩少量、こしょうで調える。
4 耐熱皿に入れ、ピザ用チーズ、パン粉を散
らす（ⓑ）。230℃に予熱したオーブンで10〜
13分焼く。

memo

具材をホワイトソースによくからめてから焼くと、マカロニの穴の中にもソースが入り込んで、いっそうおいしく仕上がります。

鶏肉とねぎのグラタン

（作り方は P.62）

かきとブロッコリーのグラタン
（作り方は P.63）

鶏肉とねぎのグラタン

ホワイト
ソースで

鶏肉とねぎのほか、ホワイトソースと
相性のいいきのこもプラス。
チーズがとろ〜りと溶けた
そのタイミングで食卓へ。

ⓐ　　　ⓑ

230℃

10〜13分

材料（2人分）

鶏もも肉…1枚（250〜300g）
ねぎ…1本
しめじ…1パック
ホワイトソース（P.57）…カップ 1 ½（約320g）
塩、こしょう…各少量
バター…10g
ピザ用チーズ…40g
パン粉…大さじ 1 ½

下準備：オーブンは 230℃に予熱する

作り方

1　鶏肉はひと口大に切り、塩、こしょうをまぶす。ねぎは斜め薄切りにする。しめじは石づきを取ってほぐす。

2　フライパンにバターを溶かし、鶏肉を入れて焼く。表面がこんがりとしてきたらねぎ、しめじを順に加え、しんなりとするまで炒める。火を止め、ホワイトソースを加えて（ⓐ）混ぜる。

3　耐熱皿に入れ、ピザ用チーズ、パン粉を散らす（ⓑ）。230℃に予熱したオーブンで 10 〜 13 分焼く。

memo

ねぎのかわりに玉ねぎ ½ 個を薄切りにして加えても。しめじはマッシュルームやエリンギでも OK。

かきとブロッコリーの グラタン

かきのうまみがホワイトソースに溶け込み、
もう、たまらないおいしさ！
かきは火を通しすぎると身が縮むので、
炒めるのは 2 ～ 3 分で OK です。

ⓐ → ⓑ →

230℃

10～13分

材料（2 人分）

かきのむき身… 200g
ブロッコリー…160g（約 ¾ 個）
玉ねぎ…½ 個
ベーコン…2 枚
ホワイトソース（P.57）…カップ 1 ½（約 320g）
バター…10g
ピザ用チーズ…40g
パン粉…大さじ 1 ½

下準備：オーブンは 230℃に予熱する

作り方

1 かきはやさしく水洗いし、水けをふく。ブロッコリーは小房に分け、大きな房は半分に切る。塩適量（分量外）を加えた湯で 1 分 30 秒ほどゆで、湯をきる。玉ねぎは横半分に切って縦薄切りにする。ベーコンは 1cm幅に切る。

2 フライパンにバターを溶かし、玉ねぎをしんなりするまで炒め、ベーコン、かきを順に加え、さっと炒める。火を止め、ブロッコリー、ホワイトソースを順に加えて（ⓐ）混ぜる。

3 耐熱皿に入れ、ピザ用チーズ、パン粉を散らす（ⓑ）。230℃に予熱したオーブンで 10 ～ 13 分焼く。

memo

ブロッコリーはほうれん草にかえても。塩ゆでして 4 ～ 5cm長さに切り、水けを絞って加えます。

さば缶と厚揚げのグラタン

トマト
ソースで

さば缶を使えば、面倒な下ごしらえなし！
厚揚げをプラスし、食べごたえを出しました。
さばは混ぜるときに、へらでざっくりと
固まりが残る程度にほぐしましょう。

ⓐ
ⓑ
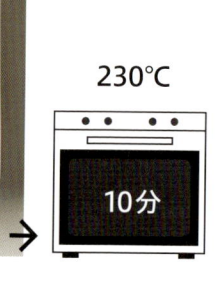
230℃

10分

材料（2人分）

さば水煮缶…1缶（固形量140g）
厚揚げ…1枚（200g）
トマトソース（P.57）…カップ 1 ½ （約300g）
ピザ用チーズ…40g
パセリのみじん切り…あれば適量

下準備：オーブンは230℃に予熱する

作り方

1　さば水煮は缶汁をきる。厚揚げは1cm角に
切る。
2　ボウルに**1**、トマトソースを入れて混ぜ（ⓐ）、
耐熱皿に入れてピザ用チーズを散らす（ⓑ）。
3　230℃に予熱したオーブンで10分ほど焼く。
あればパセリをふる。

memo

さばには、血液をサラサラにして善玉コレステロールを増やし、生活習慣病を予防する効果があるといわれる
EPA、DHAが豊富。缶詰なら、そのEPA、DHAを安く、手軽にとることができると、注目されています。

長いもとひき肉、ひよこ豆のグラタン

トマト
ソースで

さっぱりしていながらもコクがある
トマトソースで作るグラタンも、また美味。
長いもとひよこ豆のホクホク感も
やみつきになります。

ⓐ ⓑ

230℃

10分

材料（2人分）

長いも…300g
合いびき肉…150g
ひよこ豆の水煮…100g
トマトソース（P.57）
　…カップ 1 ½（約300g）
オリーブ油…小さじ 2
クミンシード…好みで小さじ ½
塩、こしょう…各少量
ピザ用チーズ…40g

下準備：オーブンは 230℃に予熱する

作り方

1　長いもは皮をむき、1cm厚さの半月切りにする。ひよこ豆は水けをきる。

2　フライパンにオリーブ油、クミンシードを入れて中火にかけ、香りが出てきたら長いもを加えて両面焼く。こんがりと焼き色がついたらひき肉、ひよこ豆を順に加えて炒め、肉の色が変わったら塩、こしょうをふる。火を止め、トマトソースを加えて混ぜる（ⓐ）。

3　耐熱皿に入れ、ピザ用チーズを散らす（ⓑ）。230℃に予熱したオーブンで 10 分ほど焼く。

memo

クミンシードは入れなくても OK。かわりにカイエンヌペッパーやチリペッパーにすると、辛みが加わり、
チリコンカンのような味わいになります。

ホワイト
ソースで

＋

トマト
ソースで

なすのラザニア

パスタのかわりに縦薄切りにしたなすを使い、
おかずになるラザニアに。
なすとベーコン、トマトソース、ホワイトソースの
3層が混ざり合ったおいしさを、ぜひ！

230℃

10〜13分

材料（2人分）

なす…3本
ベーコン…3枚
トマトソース（P.57）
　…カップ1（約200g）
ホワイトソース（P.57）
　…カップ1（約210g）
オリーブ油…適量
塩、こしょう…各少量
ピザ用チーズ…40g

下準備：オーブンは230℃に予熱する

作り方

1　なすはヘタを取り、5mm厚さの縦薄切りにする。ベーコ
ンは細切りにする。

2　フライパンにオリーブ油大さじ1を熱し、なすを入れて
両面焼く。途中、油が少ないようなら少量ずつ足し、こんがり
と焼き色がついたら塩、こしょうをふる。

3　耐熱皿になす、ベーコン、トマトソース、ホワイトソース
の順に2段に重ね（ⓐ、ⓑ）、ピザ用チーズを散らす（ⓒ）。
230℃に予熱したオーブンで10〜13分焼く。

memo

なすはほかの野菜でも。塩ゆでにしたほうれん草、薄切りにして電子レンジで加熱したじゃがいもやかぼちゃなどがおすすめです。

鶏肉とセロリのレモンクリームドリア

ソースが生クリームなので、コクたっぷり。
セロリの歯ごたえや香り、レモンの香りが
さわやかなアクセントとなり
思ったよりもさっぱりと食べられます。

230℃

10〜13分

材料（2 人分）

鶏もも肉…1 枚（250g）
セロリ…1 本
レモン（国産）…½ 個
バター…10g
ごはん（冷たくても温かくてもよい）
　…300g
生クリーム…カップ ¾
塩、こしょう…各適量
ピザ用チーズ…40g

下準備：オーブンは 230℃に予熱する

作り方

1　セロリは茎の部分は薄切りにし、葉は 1cm 長さに切る。レモンは皮を飾り用に適量をすりおろし、皮をむいて薄切りにする。鶏肉はひと口大に切り、塩、こしょう各少量をふる。

2　フライパンにバターを溶かし、鶏肉を入れて焼く。全体に焼き色がついたらセロリ、薄切りのレモン、ごはんを順に加えて炒める。火を止め、生クリーム（ⓐ）、塩小さじ ½、こしょう少量を加えて混ぜる。

3　耐熱皿に入れ、ピザ用チーズを散らす（ⓑ）。230℃に予熱したオーブンで 10 〜 13 分焼き、1のレモンの皮を散らす。

たこトマトドリア

ソースではなく、生のトマトを使い、
オリーブやたっぷりのパセリを加えた
大人味のドリアです。
キリッと冷やした白ワインにも合いそう。

230℃

10分

材料（2人分）

蒸しだこ…150g
トマト…1個
玉ねぎ…¼個
にんにく…1かけ
パセリ…20g
黒オリーブ（種なし、輪切り）…20g
温かいごはん…400g
塩…小さじ½
こしょう…少量
ピザ用チーズ…40g

作り方

1　たこは薄いそぎ切りにする。トマトは1.5cm角に切る。玉ねぎ、にんにく、パセリはみじん切りにする。

2　ボウルにごはん、1、オリーブ、塩、こしょうを入れ、さっくりと混ぜる（ⓐ）。耐熱皿に入れ、ピザ用チーズを散らす（ⓑ）。

3　230℃に予熱したオーブンで10分ほど焼く。

じゃがいも、玉ねぎ、アンチョビの重ねグラタン

じゃがいもは下ゆでせずに焼くので手間がかからず、ボリュームはたっぷり。
塩けやうまみの強いアンチョビは、調味料としても欠かせない存在です。

材料（2 人分）

じゃがいも…2 個
玉ねぎ…½ 個
アンチョビ…6 枚
塩、こしょう…各少量
マヨネーズ…大さじ 2
ピザ用チーズ…40g
パセリのみじん切り…あれば適量

下準備：
オーブンは 230℃に予熱する

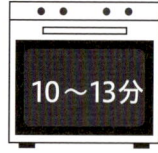

230℃

10〜13分

作り方

1 じゃがいもは皮をむき、薄い輪切りにして水にさらし、水けをきる。玉ねぎは薄切りにする。アンチョビは細かく刻む。

2 耐熱皿にじゃがいも、玉ねぎ、塩、こしょう、アンチョビ、マヨネーズの順に 2 段に重ね、ピザ用チーズを散らす（ⓐ）。

3 230℃に予熱したオーブンで10〜13分焼く。あればパセリをふる。

アボカドえびグラタン

アボカドの種を除いた穴の部分に具材をのせて焼き上げます。
生よりも、アボカドのクリーミーな食感がより際立ちます。

材料（2人分）

アボカド…1個
むきゆでえび…80g
玉ねぎ…30g
マヨネーズ…小さじ2
塩、こしょう…各少量
ピザ用チーズ…20g
パプリカパウダー…好みで少量

下準備：
オーブンは230℃に予熱する

230℃
10分

作り方

1　玉ねぎは薄切りにする。

2　ボウルに1、マヨネーズ、塩、こしょうを入れ、さっくりと混ぜる。

3　アボカドは半分に切って種を取り、耐熱皿にのせる。2を等分にのせ、ピザ用チーズを散らす（ⓐ）。230℃に予熱したオーブンで10分ほど焼き、好みでパプリカパウダーをふる。

パングラタン

具材を炒めながらホワイトソースも同時に作ります。
ソースがジュワッとしみ込んだパンが抜群のおいしさ。

材料（2人分）

ほうれん草…100g
バゲット…100g
バター…20g
小麦粉…大さじ2
牛乳…カップ2
塩…小さじ⅓
こしょう…少量
ピザ用チーズ…40g

下準備：
オーブンは230℃に予熱する

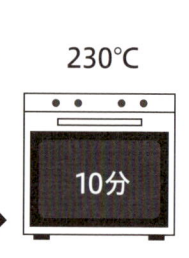

230℃

10分

作り方

1 ほうれん草は塩ゆでし（塩は分量外）、水にさらして水けを絞り、細かく刻む。

2 フライパンにバターを溶かし、ほうれん草、小麦粉を入れて炒める。全体になじんだら牛乳を少しずつ加えながらのばし、とろみがついたら塩、こしょうで調味する。

3 バゲットをひと口大にちぎって耐熱皿に広げ、**2**をかけ、ピザ用チーズを散らす（ⓐ）。230℃に予熱したオーブンで10分ほど焼く。

Part 4

うまみがギュッ！ホイル焼きレシピ

材料をアルミホイルで包んで焼くだけと、
作り方はおどろくほどカンタン。
蒸し焼き状態になるので、
素材のうまみが引き出されるうえ、
しっとりとした仕上がりで、おいしさ満点です。
器も汚れず、後片づけがラクなのも、
うれしいポイントです。

牛肉と小松菜、しめじのピリ辛だれ焼き

豆板醤でピリリと辛みをきかせたみそ味は、ごはんのおかわり必至のおいしさ。
野菜もたっぷりなので、あとは汁ものがあればバランスのいい献立になります。

250℃
15分

材料（2人分）

牛肉（焼き肉用）…160g
小松菜…100g
しめじ…50g
ねぎ…½本
A ┌ みそ…大さじ 2
　├ みりん…大さじ 1
　├ しょうゆ…小さじ 1
　└ 豆板醤…小さじ ½

下準備：オーブンは 250℃に予熱する

作り方

1　小松菜はざく切りにする。しめじは石づきを取って小房に分ける。ねぎは斜め薄切りにする。

2　アルミホイルを 2 枚広げ、**1** を等分にのせ、牛肉を等分にのせる（ⓐ）。A を混ぜて等分にかけ（ⓑ）、包む（包み方は下記参照）。

3　天板にのせ、250℃に予熱したオーブンで 15 分ほど焼く。

memo

ほかの肉でもおいしく作れます。焼き肉用の豚肉のほか、鶏もも肉や鶏むね肉の場合は、
切り目を入れて開き、厚みを均一にしてからひと口大に切ります。

ホイル焼きの包み方ー①

❶アルミホイルを広げ、中央に材料をのせる。

❷上下の端と端を合わせて閉じる。

❸左右の端をそれぞれ閉じる。

❹オーブンへ

鶏肉とブロッコリーのレモンカレー焼き

レモンとカレー味、一見意外な取り合わせですが食べると納得のおいしさです。
レモンは一番上に散らし、そのさわやかな酸味を鶏肉、野菜に移します。

ⓐ　ⓑ

250℃

20〜25分

材料（2人分）

鶏もも肉…1枚
玉ねぎ…½個
エリンギ…1パック
ブロッコリー…100g
レモン…½個
A ┌ にんにくのすりおろし
　│　　…1かけ分
　│ 塩…小さじ½
　│ こしょう…少量
　└ カレー粉…小さじ1

下準備：オーブンは250℃に予熱する

作り方

1　鶏肉はひと口大に切り、ボウルに入れてAをもみ込む（ⓐ）。玉ねぎは薄めのくし形に切る。エリンギは縦薄切りにする。ブロッコリーは小房に分ける。レモンは薄切りにする。

2　天板にアルミホイルを広げ、鶏肉、玉ねぎ、エリンギ、ブロッコリーをのせ、上にレモンを散らす（ⓑ）。もう一枚のアルミホイルをかぶせ、四辺を閉じる（包み方は下記参照）。

3　250℃に予熱したオーブンで20〜25分焼く。　　（包み方は下記参照）。

memo

鶏もも肉は鶏むね肉、豚肉のほか、めかじきやサーモンなどの切り身魚でも。
ブロッコリーはカリフラワー、エリンギはしめじやしいたけにかえてもOKです。

ホイル焼きの包み方—②

❶天板の上にアルミホイルを広げ、材料をのせる。
❷同じ大きさのアルミホイルをもう一枚のせる。
❸四辺をそれぞれ合わせて閉じる。
❹オーブンへ

鶏肉ともやしのホイル焼き にらソース

鶏むね肉ともやしというヘルシーな組み合わせに、香り豊かなにらソースがよく合います。
酢のおかげで、あと味もさっぱり。

材料（2 人分）

鶏むね肉…1 枚
もやし…1 袋（200g）
にら…30g
しょうが…1 かけ
酒…大さじ 2
A ┌ 酢…大さじ 1
　│ しょうゆ…大さじ 1
　│ ごま油…大さじ 1
　└ 砂糖…小さじ 1

下準備：
オーブンは 250℃に予熱する

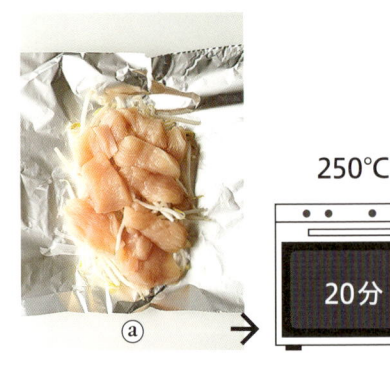

250℃

ⓐ → 20分

作り方

1 鶏肉はひと口大のそぎ切りにする。もやしはひげ根を取る。

2 アルミホイルを 2 枚広げ、もやし、鶏肉を順に等分にのせる。酒を回しかけ（ⓐ）、包む（包み方は P.78 の①を参照）。

3 天板にのせ、250℃に予熱したオーブンで 20 分ほど焼く。

4 にらは小口切りにし、しょうがはみじん切りにする。ボウルに入れ、A を加えて混ぜ、**3** にかける。

豚キムチチーズ焼き

パンチのあるキムチ&チーズにフレッシュなトマトを合わせると
絶妙なおいしさに。豚肉との相性もバッチリです。

材料（2人分）

豚ロース肉（とんカツ用）…2枚（200g）
トマト（1cm厚さの輪切り）…2枚
白菜キムチ…100g
ピザ用チーズ…30g
貝割れ菜…½パック
塩…小さじ⅓
こしょう…少量

250℃

20分

ⓐ

下準備：
オーブンは250℃に予熱する

作り方

1 豚肉は筋切りし、塩、こしょうをふる。貝割れ菜は根元を切り落とす。

2 アルミホイルを2枚広げ、豚肉を1枚ずつのせ、トマトを1枚ずつのせる。キムチ、チーズを等分にのせ、（ⓐ）、包む（包み方はP.78の①を参照）。

3 天板にのせ、250℃に予熱したオーブンで20分ほど焼き、貝割れ菜を添える。

さけのバター焼き

バターをのせて蒸し焼きにするので、まろやかな仕上がり。
仕上げにかけるレモン汁としょうゆは、もっと手軽にポン酢しょうゆでも OK。

材料（2 人分）

生ざけ…2 切れ
ピーマン…2 個
にんじん…30g
えのきたけ…50g
酒…小さじ 2
塩…小さじ ¼
バター…10g
しょうゆ、レモン汁…各適量

下準備：
オーブンは 250℃に予熱する

250℃

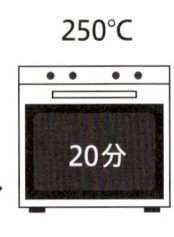

20分

作り方

1 ピーマンはヘタと種を取り、にんじんとともに細切りにする。えのきたけは根元を切り落とし、長さを半分に切ってほぐす。

2 アルミホイルを 2 枚広げ、1を等分にのせ、さけを 1 切れずつのせる。酒、塩を半量ずつふり、バターを半量ずつのせ（ⓐ）、包む（包み方は P.78 の①を参照）。

3 250℃に予熱したオーブンで 20 分ほど焼き、しょうゆ、レモン汁をかける。

白身魚の昆布蒸し

昆布に具材をのせ、塩のみで味つけした蒸し焼きは、なんとも上品な味わい。
あつあつにすだちなどの柑橘類をキュッと搾っていただきましょう。

材料（2 人分）

白身魚（たい、生だらなど）…2 切れ
ねぎ…1 本
昆布…10 × 20㎝
酒…カップ ¼
塩…小さじ ⅓
すだち（またはゆず、レモン）…1 個

下準備：
オーブンは 250℃に予熱する

250℃

20分

ⓐ

作り方

1　昆布は酒に 10 分ほど浸して戻し、半分に切る（戻し汁は取っておく）。ねぎは斜め薄切りにする。

2　アルミホイルを 2 枚広げ、ねぎ、昆布を順に等分にのせ、白身魚を1 切れずつのせる。1の戻し汁を半量ずつかけて塩を半量ずつふり（ⓐ）、包む（包み方は P.78 の①を参照）。

3　250℃に予熱したオーブンで20 分ほど焼く。半分に切ったすだちを添え、搾って食べる。

サーモンのハーブ焼き

カラフルな野菜をプラスして
見た目も鮮やかなおしゃれな一品。
ディルはかわりにローズマリーや
セージ、タイムなどでも。

材料（2人分）

生サーモン…2切れ
パプリカ（黄）…½個
ズッキーニ…½本
ミニトマト…6個
にんにく…1かけ
黒オリーブ（種なし）…10個
ディル…3枝
白ワイン…大さじ2
塩…小さじ½
こしょう…少量

下準備：
オーブンは250℃に予熱する

250℃

20分

ⓐ

作り方

1 サーモンは3等分に切る。パプリカはひと口大の乱切りにし、ズッキーニは1cm厚さの輪切りにする。ミニトマトはヘタを取る。にんにくは横薄切りにする。

2 天板にアルミホイルを広げ、パプリカ、ズッキーニ、サーモン、ミニトマトをのせ、上に黒オリーブ、にんにく、ちぎったディルを散らし、白ワイン、塩、こしょうをふる（ⓐ）。もう一枚のアルミホイルをかぶせ、四辺を閉じる（包み方はP.80の②を参照）。

3 250℃に予熱したオーブンで20分ほど焼く。

あさりのホイル酒蒸し

ホイル焼きなら、フライパンや鍋で作るよりも身がふっくら。
食べるとうまみがジュワ〜ッと出てきて、極上の味です。

材料（2人分）

あさり（砂抜き済み）…300g
にんにく…1かけ
しょうが…1かけ
酒（あれば紹興酒）…カップ ½
塩…ふたつまみ

下準備：
オーブンは 250℃に予熱する

250℃

15〜20分

ⓐ →

作り方

1　あさりは水洗いし、水けをきる。にんにく、しょうがは細切りにする。

2　耐熱皿にアルミホイルを広げ、あさりをのせ、上ににんにく、しょうがを散らし、酒をかけて、塩をふる（ⓐ）。もう一枚のアルミホイルをかぶせ、四辺を閉じる（包み方は P.80 の②を参照）。

3　250℃に予熱したオーブンで15〜20分焼く。

にんじんとツナのホイル焼き

鮮やかなオレンジ色が、食卓に彩りを添えてくれます。
よ〜く混ぜ、全体に味をからめてから召し上がれ！

250℃

10分

材料（2人分）

にんじん…1本（150g）
ツナ缶（油漬け）…小1缶（70g）
塩…小さじ ¼
こしょう…少量
ケッパー…大さじ2

下準備：
オーブンは250℃に予熱する

作り方

1　にんじんは皮をむき、4cm長さの細切りにする。

2　天板にアルミホイルを広げ、にんじんをのせ、上にツナを缶汁ごとのせる。塩、こしょうをふり、ケッパーを散らす（ⓐ）。もう一枚のアルミホイルをかぶせ、四辺を閉じる（包み方はP.80の②を参照）。

3　250℃に予熱したオーブンで10分ほど焼く。

玉ねぎのみそ焼き

ジューシーで甘い玉ねぎに、コクのある甘みそがベストマッチ。
玉ねぎがちゃんとごはんに合うおかずになっています。

250℃

15分

ⓐ

材料（2 人分）

玉ねぎ…大 1 個
A ┌ みそ…大さじ 1
　└ みりん…大さじ 1

下準備：
オーブンは 250℃に予熱する

作り方

1 玉ねぎは横 1cm 厚さの輪切りにする。A は混ぜ合わせる。

2 天板にアルミホイルを広げ、玉ねぎを並べ、A を塗る（ⓐ）。も う一枚のアルミホイルをかぶせ、四辺を閉じる（包み方は P.80 の②を参照）。

3 250℃に予熱したオーブンで 15 分ほど焼く。

アスパラのカマンベールチーズ焼き

カマンベールチーズの"とろ〜り"なところをアスパラにからめて。
でき立てをすぐに食べたい一品です。

材料（2人分）

グリーンアスパラガス…6本
カマンベールチーズ
　…½個（50g・厚みを横半分に切って）
塩…ふたつまみ
こしょう…少量

下準備：
オーブンは250℃に予熱する

  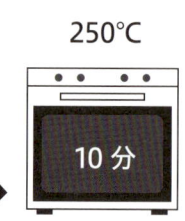

250℃

ⓐ

10分

作り方

1　アスパラガスは根元⅓くらいの皮をピーラーでむく。カマンベールチーズは3本切り目を入れる。

2　天板にアルミホイルを広げ、アスパラガスを並べてカマンベールチーズをのせ、塩、こしょうをふる（ⓐ）。もう一枚のアルミホイルをかぶせ、四辺を閉じる（包み方はP.80の②を参照）。

3　250℃に予熱したオーブンで10分ほど焼く。

ミックスきのこのごま油焼き 温玉のせ

ホイル焼きだから、きのこのうまみを逃がさず、ギューッと濃縮。
市販の温泉卵をのせれば、味も見た目もワンランクアップします。

 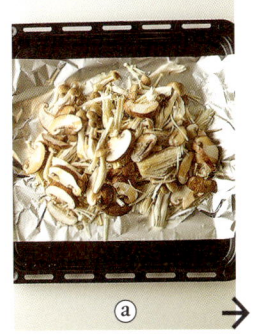 

250℃

10 分

ⓐ

材料（2 人分）

しめじ…1 パック（100g）
しいたけ…4 枚
えのきたけ…100g
温泉卵…2 個
万能ねぎの小口切り…適量
ごま油…大さじ 1
塩…小さじ ¼
しょうゆ…少量

下準備：
オーブンは 250℃に予熱する

作り方

1　しめじは石づきを取って小房に分ける。しいたけは石づきを取って薄切りにする。えのきたけは根元を切り落とし、長さを半分に切ってほぐす。すべてボウルに入れ、ごま油、塩を加えてさっくりと混ぜる。

2　天板にアルミホイルを広げ、1 を広げる（ⓐ）。もう一枚のアルミホイルをかぶせ、四辺を閉じる（包み方は P.80 の②を参照）。

3　250℃に予熱したオーブンで 10 分ほど焼く。温泉卵を落とし、万能ねぎを散らし、しょうゆをかける。

豆腐のしめじベーコン焼き

豆腐をホイル焼きにすると、湯豆腐とも違うほわほわの口当たりに。
ベーコンのうまみと塩けが決め手のほどよい和風味です。

材料（2人分）

木綿豆腐…⅔丁(200g)
ベーコン…2枚
しめじ…60g
万能ねぎの小口切り…適量
しょうゆ…少量

下準備：
オーブンは250℃に予熱する

250℃

10分

ⓐ

作り方

1 豆腐は4等分に切る。ベーコンは細切りにする。しめじは石づきを取って小房に分ける。

2 天板にアルミホイルを広げ、豆腐を並べてベーコン、しめじ、万能ねぎをのせる（ⓐ）。もう一枚のアルミホイルをかぶせ、四辺を閉じる（包み方はP.80の②を参照）。

3 250℃に予熱したオーブンで10分ほど焼き、しょうゆをかける。

Part 5

人が集まる日の
ごちそう焼き

誕生日やクリスマスなどのイベント、
人を招いてのおもてなしに、
それがあるだけで気分が盛り上がる
ごちそうメニューを集めました。
ごちそうとはいえ、並べて焼くだけの手軽さはそのまま。
「おいしいね！」そんな声を聞きながら、
楽しい時間が過ごせそう！

ローストチキン

ごちそう感満点の骨付きチキンに
オレンジの風味をきかせた、さわやかな味わい。
オーブン焼きなら余分な脂が落ち、
皮はパリパリッ、中はジューシー！

ⓐ → ⓑ →

230℃

20分

材料（4人分）

鶏骨付きもも肉…4本
オレンジの輪切り…4枚
塩…小さじ⅔
こしょう…少量
A ┌ ローリエ…2枚
　│ 玉ねぎのすりおろし…大さじ2
　│ しょうがのすりおろし…1かけ分
　│ にんにくのすりおろし…1かけ分
　│ しょうゆ…大さじ1
　└ 白ワイン…大さじ1
クレソン…好みで適量

下準備：オーブンは230℃に予熱する

作り方

1　鶏肉は皮目をフォークで何か所か刺し、身側の骨に沿って切り目を入れ、塩、こしょうをまぶす。

2　バットなどに**1**を入れ、Aを加えてまぶし、オレンジをのせる。ラップをぴっちりと貼りつけるようにかぶせ、20分ほど漬ける（ⓐ）。

3　天板にオーブンシートを敷き、**2**を並べる（ⓑ）。230℃に予熱したオーブンで20分ほど焼く。器に盛り、好みでクレソンを添える。

memo

> バットのかわりに保存袋に入れて鶏肉を下味に漬けておけば、冷蔵室で3日ほど保存できます。
> その場合、冷蔵室から早めに出しておき、室温に戻してから焼いてください。

丸ごとパプリカの
ひき肉詰め焼き

カッテージチーズでコクをプラスした肉だねを
パプリカにぎっしりと詰めて。
パプリカが肉汁をたっぷりと吸い込み、
ジューシーな焼き上がりです。

ⓐ → ⓑ →

210℃

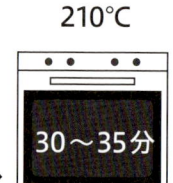

30〜35分

材料（4 人分）

パプリカ（好みの色）…4 個
合いびき肉…500g
玉ねぎ…¼ 個
セロリ…50g
にんにく…1 かけ
カッテージチーズ…大さじ 4
A ┌ パン粉…大さじ 3
　│ 牛乳…大さじ 3
　│ 卵…1 個
　│ トマトケチャップ…大さじ 2
　│ 塩…小さじ 1
　└ こしょう（またはナツメグ）…少量

下準備：オーブンは 210℃に予熱する

作り方

1　玉ねぎ、セロリ、にんにくはみじん切りにする。
パプリカは上部を切り落とし（取っておく）、種を取る。

2　ボウルにひき肉を入れて練り混ぜ、玉ねぎ、
セロリ、にんにく、カッテージチーズ、A を順に加
えてそのつど混ぜる（ⓐ）。4 等分し、パプリカ
に詰める。

3　耐熱皿に**2**とパプリカの上部を並べ（ⓑ）、
210℃に予熱したオーブンで 30 〜 35 分焼く。

memo

色とりどりのパプリカで焼くと、より華やかさが増します。
ナイフで切ると、肉やパプリカから焼き汁がジュワ〜ッとあふれ出てくるので、からめながら食べてください。

ラムチョップのバルサミコソース

（作り方は P.100）

タンドリーチキン
（作り方は P.101）

ラムチョップのバルサミコソース

ごちそう度の高い肉のひとつ "ラムチョップ" を使えば、
あとはにんにくや赤ワインに漬けて、オーブンで焼くだけで
特別な日にふさわしいひと皿に！
香ばしく焼けた野菜も、負けず劣らずのおいしさです。

ⓐ → ⓑ → 230℃ 15分

材料（4人分）

ラムチョップ…8本
玉ねぎ…1個
にんじん…1本
ズッキーニ…1本
ローズマリー…2枝
塩、こしょう…各適量
A ┌ にんにくのすりおろし
　│ 　…1かけ分
　│ 赤ワイン…カップ ¼
　└ オリーブ油…大さじ1
オリーブ油…少量
B ┌ バルサミコ酢…大さじ1
　│ はちみつ…小さじ1
　└ しょうゆ…大さじ1

下準備：オーブンは230℃に予熱する

作り方

1　ラムチョップは塩小さじ ½、こしょう少量をまぶす。玉ね
ぎはすりおろして大さじ4（約 ½ 個分）をとり、残りは横1cm厚
さの輪切りにする。

2　バットなどにラムチョップを入れ、玉ねぎのすりおろし、
Aを加えてまぶし、ローズマリーをちぎってのせる。ラップを
貼りつけるようにぴっちりとかぶせ、15分ほど漬ける（ⓐ）。
＊バットのかわりに保存袋に入れ、2〜3日冷蔵保存できる。

3　にんじん、ズッキーニは1cm厚さの輪切りにする。**1**の玉
ねぎの輪切りと合わせ、塩、こしょう各少量、オリーブ油をま
ぶす。

4　天板にオーブンシートを敷き、**2**を軽く汁けをきって並べ
（漬け汁はとっておく）、空いた所に**3**をのせる（ⓑ）。230℃に予
熱したオーブンで15分ほど焼く。

5　**4**の漬け汁をフライパンに移し、Bを加えて中火にかけ、
ひと煮立ちさせる。

6　器に**4**を盛り、**5**のソースをかける。

memo

漬け汁は、捨てずにソースに利用します。好みでタイムなどのハーブを加えると、風味が一段とアップします。

タンドリーチキン

オーブンから漂うさまざまなスパイスの香りが
食べる前からおいしい！
調味料に漬けた状態で2日ほど冷蔵保存できるので、
前日から仕込んでおけば、当日は焼くだけになり、気楽です。

ⓐ → ⓑ →

200℃

25分

材料（4人分）

鶏手羽元…12本
塩…小さじ ⅔
こしょう…少量
A ┌ プレーンヨーグルト…250g
　│ にんにくのすりおろし…小さじ1
　│ しょうがのすりおろし…小さじ1
　│ トマトケチャップ…小さじ2
　│ ガラムマサラ…小さじ2
　│ パプリカパウダー…小さじ2
　│ クミンパウダー…小さじ1
　│ カイエンヌペッパー…小さじ ½
　└ ターメリック…小さじ ½
ライム（またはレモン）…適量
サニーレタス…あれば適量

下準備：オーブンは200℃に予熱する

作り方

1　手羽元は皮目をフォークで何か所か刺し、
骨に沿って切り目を入れ、塩、こしょうをまぶす。
2　ボウルにAを入れて混ぜ、手羽元を加えて
まぶし、1時間ほど漬ける（ⓐ）。
3　天板にオーブンシートを敷き、**2**を並べる
（ⓑ）。200℃に予熱したオーブンで25分ほど
焼く。器に盛り、ライムや、あればちぎったサニー
レタスを添える。

memo

5種類のスパイスを使った本格的なタンドリーチキンです。
これらのスパイスがなければ、かわりにカレー粉大さじ1½で代用できます。

チャーシュー
（作り方は P.104）

牛肉とパプリカの BBQ

（作り方は P.105）

チャーシュー

香ばしくてジューシーなチャーシューは、
やっぱり感動のおいしさ。
漬け汁に八角や紹興酒を加えているので
香り豊かな本格派の仕上がりです。

ⓐ

ⓑ

200℃

45分

材料（作りやすい分量）

豚肩ロースかたまり肉…約500g

A
- ねぎ（青い部分）…1本分
- しょうがの薄切り…1かけ分
- にんにくの薄切り…1かけ分
- 赤とうがらし…1本
- 八角…1個
- しょうゆ…大さじ4
- 紹興酒（または酒）…大さじ4
- オイスターソース…大さじ1
- 砂糖…大さじ1
- みりん…大さじ1

白髪ねぎ、パクチー…好みで各適量

下準備：オーブンは200℃に予熱する

作り方

1　豚肉はたこ糸で巻き、全体をフォークで何か所か刺す。ポリ袋に入れ、Aを加えて口を閉じ（ⓐ）、冷蔵室に入れてひと晩漬ける。

2　天板にオーブンシートを敷き、**1**の汁けをきってのせ（漬け汁はとっておく）（ⓑ）、200℃に予熱したオーブンで45分ほど焼く。

3　小鍋に**2**の漬け汁を入れて中火にかけ、半量になるまで煮詰める。ねぎ、しょうが、にんにく、赤とうがらし、八角を取り除く。

4　**2**のたこ糸を取り除き、食べやすく切って器に盛る。好みで白髪ねぎやパクチーを添え、**3**のたれをかける。

memo

八角は、中国の代表的なスパイス。独特の甘い香りが特徴で、五香粉にも含まれています。苦手なら入れなくてもOKです。

牛肉とパプリカの BBQ

たれに漬けた肉と下味をつけた野菜は串に刺さず、
天板に広げて焼くので簡単です。
りんごや香味野菜、市販のソースに漬けた肉が
やわらかな仕上がりです。

ⓐ → ⓑ →

230℃

10分

材料（4 人分）

牛ももかたまり肉…400g
パプリカ（赤、黄）…各 ½ 個
玉ねぎ…1 個
塩、こしょう…各適量
A りんごのすりおろし…大さじ 2
　にんにくのすりおろし…1 かけ分
　しょうがのすりおろし…1 かけ分
　トマトケチャップ…大さじ 1
　ウスターソース…小さじ 1
　マスタード…小さじ 1
　しょうゆ…小さじ 1
オリーブ油…少量
ルッコラ…好みで適量

下準備：オーブンは 230℃に予熱する

作り方

1　牛肉はひと口大の角切りにし、塩小さじ ½、
こしょう少量をふる。ボウルに入れ、A を加えて
混ぜ、15 分ほど漬ける（ⓐ）。

2　パプリカはヘタと種を取り、ひと口大の乱切
りにする。玉ねぎは縦半分に切り、横 1cm 厚さに
切る。ともにボウルに入れ、塩、こしょう各少量、
オリーブ油をまぶす。

3　天板にオーブンシートを敷き、1、2 を広げる
（ⓑ）。230℃に予熱したオーブンで 10 分ほど
焼く。器に盛り、好みでルッコラを添える。

memo

肉の漬け込み時間は、少なくとも 15 分はとりましょう。保存袋に入れて冷蔵室で 3 日ほど、保存できます。
漬け込めば漬け込むほど味がなじみ、おいしくなります。

アクアパッツァ

手が込んでいるように見えるのに、実はカンタンなアクアパッツァ。
魚介のうまみがギュッとこの中に！
魚の形をくずしたくないので、耐熱容器に入れて焼き、
そのまま食卓へ出せば、歓声が上がること間違いなし。

ⓐ ⟶ ⓑ ⟶ 230℃ 25分

材料（3〜4人分）

白身魚（たい、いさきなど）…1 尾（約 500g）
あさり（砂抜き済み）…200g
ミニトマト…1 パック（12〜16 個）
ローズマリー…2 枝
塩、こしょう…各少量
A ┌ にんにく…1 かけ
  │ パセリ…10g
  │ アンチョビ…4 枚
  └ ケッパー…大さじ 1
白ワイン…カップ ½
オリーブ油…大さじ 2

下準備：オーブンは 230℃に予熱する

作り方

1　白身魚はうろこを取り、腹に切り目を入れて
ワタを取る。水洗いして水けをふき、両面の腹に
縦に 3 本切り目を入れ、塩、こしょうをふる。あさ
りは水洗いし、水けをきる。ミニトマトはヘタを取
る。

2　A はすべてみじん切りにし、1の魚の腹に詰
める（ⓐ）。

3　耐熱皿に2を入れ、空いた所にあさり、ミニ
トマトを加え、ローズマリーをちぎって散らす。白
ワイン、オリーブ油を全体にまわしかける（ⓑ）。

4　230℃に予熱したオーブンで 25 分ほど焼く。

memo

焼き汁には魚介のうまみがたっぷり。ぜひ、一緒にバゲットを用意して、焼き汁に浸しながら食べてください。

パエリア

肉も魚介も具材に使うので、食べごたえ充分、
見た目も華やかな豪華版！
ピーマンは鮮やかな緑色と食感をいかすため、
時間差で加えます。

230℃

30分

230℃

1分

材料（3〜4人分）

米…2 合（360㎖）
えび（殻つき・頭なし）…6 尾
あさり（砂抜き済み）…100g
鶏もも肉…100g
玉ねぎ…½ 個
パプリカ（赤）…⅓ 個
ピーマン…2 個
にんにく…1 かけ
サフラン…ふたつまみ
塩…小さじ ⅔
こしょう…少量
顆粒コンソメスープの素
　…小さじ 1

下準備：オーブンは 230℃に予熱する

作り方

1　米はさっと水洗いしてざるに上げ、耐熱皿に入れ
る。サフラン、水 360㎖を加え、ざっと混ぜておく（ⓐ）。
2　えびは背ワタを取る。あさりは水洗いし、水けを
きる。鶏肉は小さめのひと口大に切る。玉ねぎ、パプリ
カは 1cm角に切る。にんにくはみじん切りにする。
3　1に玉ねぎ、パプリカ、にんにく、えび、あさり、
鶏肉をのせ、塩、こしょう、コンソメスープの素を散ら
す（ⓑ）。230℃に予熱したオーブンで 30 分ほど焼く。
4　ピーマンはヘタと種を取って 1cm角に切り、焼き上
がった3に加えてさっくりと混ぜ（ⓒ）、さらに 230℃
のオーブンで 1 分ほど焼く。

memo

サフラン色に染まった本格的なパエリアですが、サフランが手に入らない場合は、かわりにカレー粉小さじ 2 を加えます
（仕上がりの味はまったく違うものになります）。

ハムとドライトマトのケークサレ

塩味のきいた甘くないケーキ "ケークサレ" は、
おつまみにもぴったり。
一見、むずかしそうですが、
生地はボウルひとつで混ぜるだけなのでカンタン！

ⓐ → ⓑ → ⓒ

↓

180℃

30分

材料
(9 × 18cm、高さ 6.5cmの
パウンド型 1 台分)

生ハム…50g
セミドライトマト
　（下記参照・または市販品）…35g
バジルの葉…10 枚
A ┌ 卵…2 個
　│ オリーブ油…70㎖
　├ 牛乳…カップ ¼
　│ カッテージチーズ…50g
　└ 塩…小さじ ⅓
B ┌ 薄力粉…120g
　│ ベーキングパウダー
　└ 　…小さじ 1

下準備：オーブンは 180℃に予熱する

作り方

1　型の内側にオリーブ油（分量外）を薄く塗り、薄力
粉（分量外）をまぶして余分な粉を落とす。
2　ボウルに A を入れ、泡立て器で混ぜる。生ハムと
バジルをひと口大にちぎって加え、ドライトマトも加えて
（ⓐ）混ぜる。
3　B をふるいながら加え（ⓑ）、ゴムべらでさっくりと
混ぜる。1 の型に入れ、型を台などにトントンと落として
中の空気を抜き、表面を平らにならす（ⓒ）。
4　180℃に予熱したオーブンで 30 分ほど焼く。型
に入れたまま冷まし、型をはずして食べやすく切る。

セミドライトマトの作り方 (35 〜 40g分)

1　ミニトマト 250g はヘタを取って横半分に切り、種を取る。
2　オーブンシートを敷いた天板に **1** を切り口を上にして並
べ、キッチンペーパーで押さえるようにして水けを吸い取る。
3　塩少量をふり、120℃に予熱したオーブンで 30 分ほど
焼く。取り出し、キッチンペーパーで押さえるようにして水け
を吸い取り、再び 120℃のオーブンで 30 分ほど焼く。
＊　冷蔵室で約 1 週間保存可能。オリーブ油をひたひたに
注いでから冷蔵保存すると、約 1 か月持つ。

<ruby>牛尾理恵<rt>うし お り え</rt></ruby>

料理研究家・フードコーディネーター・栄養士。病院での食事指導に携わった後、料理家に従事し、料理専門の制作会社を経て独立。作りやすくておいしい家庭料理が人気で、書籍や雑誌のほか、NHK「きょうの料理」などのテレビでも活躍中。健康を考えたヘルシーなレシピにも定評がある。「重ねて煮るだけ! おいしいおかず」(学研プラス)、「ラクして続く、家事テク」(朝日新聞出版)、「作りおき糖質オフおかず210」(西東社)など、著書多数。

Staff

デザイン
佐藤芳孝(サトズ)

撮影
鈴木泰介

スタイリング
吉岡彰子

取材・文
田子直美

企画・構成・編集
小林弘美(学研プラス)

並べて焼くだけ! こんがりおかず

2018年10月2日　第1刷発行
2019年9月6日　第4刷発行

著　者　牛尾理恵
発行人　鈴木昌子
編集人　滝口勝弘
発行所　株式会社学研プラス
　　　　〒141-8415　東京都品川区西五反田2-11-8
印刷所　大日本印刷株式会社

この本についてのご質問・ご要望は下記宛てにお願いいたします。
◎本の内容については　編集部直通　TEL03-6431-1483
◎在庫については　販売部直通　TEL03-6431-1250
◎不良品(落丁、乱丁)については　TEL0570-000577
　学研業務センター　〒354-0045 埼玉県入間郡三芳町上富279-1
◎上記以外のお問い合わせは　TEL03-6431-1002 (学研お客様センター)

学研の書籍・雑誌についての新刊情報・詳細情報は、下記をご覧ください。
学研出版サイト　http://hon.gakken.jp/